THIS NOTEBOOK BELONGS TO:

NAME • _____

CONTACT • _____

EMAIL • _____

Recipe

Prep Time:	Cook Time:	Difficulty: ○ ○ ○ ○ ○
Serves: 1 2 3 4 5 6 7 8 +		Pleasure: ○ ○ ○ ○ ○

Ingredients

_____   _____
_____   _____
_____   _____
_____   _____
_____   _____
_____   _____

Directions

_____
_____
_____
_____
_____
_____
_____
_____
_____
_____
_____
_____

Notes

_____
_____
_____
_____

Recipe

Prep Time:	Cook Time:	Difficulty: ○ ○ ○ ○ ○

Serves: 1   2   3   4   5   6   7   8   +   Pleasure: ○ ○ ○ ○ ○

Ingredients

_____   _____

_____   _____

_____   _____

_____   _____

_____   _____

_____   _____

Directions

_____

_____

_____

_____

_____

_____

_____

_____

_____

_____

_____

Notes

_____

_____

_____

_____

Recipe

Prep Time:	Cook Time:	Difficulty: ○ ○ ○ ○ ○

Serves: 1 2 3 4 5 6 7 8 +	Pleasure: ○ ○ ○ ○ ○

Ingredients

_____   _____
_____   _____
_____   _____
_____   _____
_____   _____
_____   _____

Directions

_____
_____
_____
_____
_____
_____
_____
_____
_____
_____
_____

Notes

_____
_____
_____
_____

Recipe

Prep Time:	Cook Time:	Difficulty: ○ ○ ○ ○ ○

Serves:　1　2　3　4　5　6　7　8　+　　Pleasure: ○ ○ ○ ○ ○

Ingredients

_____ _____

_____ _____

_____ _____

_____ _____

_____ _____

_____ _____

Directions

_____

_____

_____

_____

_____

_____

_____

_____

_____

_____

_____

Notes

Recipe

Prep Time:

Cook Time:

Difficulty: ○ ○ ○ ○ ○

Serves: 1   2   3   4   5   6   7   8   +

Pleasure: ○ ○ ○ ○ ○

Ingredients

Directions

Notes

Recipe

| Prep Time: | Cook Time: | Difficulty: ○ ○ ○ ○ ○ |

Serves:　1　2　3　4　5　6　7　8　+　　Pleasure: ○ ○ ○ ○ ○

Ingredients

_____　_____
_____　_____
_____　_____
_____　_____
_____　_____
_____　_____
_____　_____

Directions

_____
_____
_____
_____
_____
_____
_____
_____
_____
_____
_____
_____
_____

Notes

_____
_____
_____
_____

Recipe _____

Prep Time:	Cook Time:	Difficulty: ○ ○ ○ ○ ○

Serves: 1   2   3   4   5   6   7   8   +   Pleasure: ○ ○ ○ ○ ○

Ingredients

_____   _____
_____   _____
_____   _____
_____   _____
_____   _____
_____   _____

Directions

_____
_____
_____
_____
_____
_____
_____
_____
_____
_____

Notes

Recipe

Prep Time:

Cook Time:

Difficulty: ○ ○ ○ ○ ○

Serves: 1 2 3 4 5 6 7 8 +

Pleasure: ○ ○ ○ ○ ○

Ingredients

_____   _____
_____   _____
_____   _____
_____   _____
_____   _____
_____   _____

Directions

_____
_____
_____
_____
_____
_____
_____
_____
_____
_____
_____

Notes

....
....
....
....

Recipe _____

B

| Prep Time: | Cook Time: | Difficulty: ○ ○ ○ ○ ○ |
| Serves: 1   2   3   4   5   6   7   8   + | | Pleasure: ○ ○ ○ ○ ○ |

Ingredients

_____   _____
_____   _____
_____   _____
_____   _____
_____   _____
_____   _____

Directions

_____
_____
_____
_____
_____
_____
_____
_____
_____
_____
_____
_____

Notes

....
....
....
....

Recipe

Prep Time:

Cook Time:

Difficulty: ○ ○ ○ ○ ○

Serves:　1　2　3　4　5　6　7　8　+

Pleasure: ○ ○ ○ ○ ○

Ingredients

_____　_____

_____　_____

_____　_____

_____　_____

_____　_____

_____　_____

_____　_____

Directions

_____

_____

_____

_____

_____

_____

_____

_____

_____

_____

_____

_____

Notes

....

....

....

....

Recipe

| Prep Time: | Cook Time: | Difficulty: ○ ○ ○ ○ ○ |

| Serves: 1 2 3 4 5 6 7 8 + | Pleasure: ○ ○ ○ ○ ○ |

Ingredients

_____   _____
_____   _____
_____   _____
_____   _____
_____   _____
_____   _____

Directions

Notes

Recipe

Prep Time:	Cook Time:	Difficulty: ○ ○ ○ ○ ○

Serves: 1   2   3   4   5   6   7   8   +   Pleasure: ○ ○ ○ ○ ○

Ingredients

_____   _____
_____   _____
_____   _____
_____   _____
_____   _____
_____   _____

Directions

_____
_____
_____
_____
_____
_____
_____
_____
_____
_____
_____

Notes

Recipe _____

| Prep Time: | Cook Time: | Difficulty: ○ ○ ○ ○ ○ |

Serves: 1   2   3   4   5   6   7   8   +   Pleasure: ○ ○ ○ ○ ○

Ingredients

_____   _____
_____   _____
_____   _____
_____   _____
_____   _____
_____   _____
_____   _____

Directions

_____
_____
_____
_____
_____
_____
_____
_____
_____
_____
_____

Notes

....
....
....
....

Recipe

Prep Time:	Cook Time:	Difficulty: ○ ○ ○ ○ ○
Serves: 1 2 3 4 5 6 7 8 +		Pleasure: ○ ○ ○ ○ ○

Ingredients

_____   _____

_____   _____

_____   _____

_____   _____

_____   _____

_____   _____

Directions

_____

_____

_____

_____

_____

_____

_____

_____

_____

_____

_____

_____

Notes

Recipe _____

Prep Time:	Cook Time:	Difficulty: ○ ○ ○ ○ ○

Serves: 1   2   3   4   5   6   7   8   +   Pleasure: ○ ○ ○ ○ ○

Ingredients

_____   _____

_____   _____

_____   _____

_____   _____

_____   _____

_____   _____

Directions

_____

_____

_____

_____

_____

_____

_____

_____

_____

_____

_____

_____

Notes

....

....

....

....

Recipe

Prep Time:

Cook Time:

Difficulty: ○ ○ ○ ○ ○

Serves: 1 2 3 4 5 6 7 8 +

Pleasure: ○ ○ ○ ○ ○

C

Ingredients

_____   _____
_____   _____
_____   _____
_____   _____
_____   _____
_____   _____
_____   _____

Directions

_____
_____
_____
_____
_____
_____
_____
_____
_____
_____
_____

Notes

....
....
....
....

Recipe

Prep Time:

Cook Time:

Difficulty: ○ ○ ○ ○ ○

Serves: 1   2   3   4   5   6   7   8   +

Pleasure: ○ ○ ○ ○ ○

Ingredients

_____   _____
_____   _____
_____   _____
_____   _____
_____   _____
_____   _____

Directions

_____
_____
_____
_____
_____
_____
_____
_____
_____
_____
_____

Notes

_____
_____
_____
_____

Recipe

| Prep Time: | Cook Time: | Difficulty: ○ ○ ○ ○ ○ |

| Serves: 1 2 3 4 5 6 7 8 + | Pleasure: ○ ○ ○ ○ ○ |

C

Ingredients

_____   _____
_____   _____
_____   _____
_____   _____
_____   _____
_____   _____

Directions

_____
_____
_____
_____
_____
_____
_____
_____
_____
_____
_____

Notes

_____
_____
_____
_____

Recipe _____

| Prep Time: | Cook Time: | Difficulty: ○ ○ ○ ○ ○ |

Serves: 1   2   3   4   5   6   7   8   +   Pleasure: ○ ○ ○ ○ ○

D

Ingredients

_____   _____
_____   _____
_____   _____
_____   _____
_____   _____
_____   _____

Directions

_____
_____
_____
_____
_____
_____
_____
_____
_____
_____
_____
_____

Notes

Recipe

Prep Time:	Cook Time:	Difficulty: ○ ○ ○ ○ ○

Serves: 1   2   3   4   5   6   7   8   +   Pleasure: ○ ○ ○ ○ ○

Ingredients

_____   _____
_____   _____
_____   _____
_____   _____
_____   _____
_____   _____

Directions

_____
_____
_____
_____
_____
_____
_____
_____
_____
_____
_____

Notes

Recipe _____

| Prep Time: | Cook Time: | Difficulty: ○ ○ ○ ○ ○ |

Serves: 1   2   3   4   5   6   7   8   +   Pleasure: ○ ○ ○ ○ ○

D

Ingredients

_____   _____
_____   _____
_____   _____
_____   _____
_____   _____
_____   _____
_____   _____

Directions

_____
_____
_____
_____
_____
_____
_____
_____
_____
_____
_____
_____

Notes

Recipe

Prep Time:

Cook Time:

Difficulty: ○ ○ ○ ○ ○

Serves: 1   2   3   4   5   6   7   8   +

Pleasure: ○ ○ ○ ○ ○

Ingredients

_____   _____
_____   _____
_____   _____
_____   _____
_____   _____
_____   _____
_____   _____

Directions

_____
_____
_____
_____
_____
_____
_____
_____
_____
_____
_____

Notes

Recipe

Prep Time:	Cook Time:	Difficulty: ○ ○ ○ ○ ○

Serves: 1 2 3 4 5 6 7 8 +	Pleasure: ○ ○ ○ ○ ○

D

Ingredients

Directions

Notes

Recipe _____

| Prep Time: | Cook Time: | Difficulty: ○ ○ ○ ○ ○ |

| Serves: 1   2   3   4   5   6   7   8   + | Pleasure: ○ ○ ○ ○ ○ |

Ingredients

_____   _____

_____   _____

_____   _____

_____   _____

_____   _____

_____   _____

_____   _____

Directions

_____

_____

_____

_____

_____

_____

_____

_____

_____

_____

_____

_____

Notes

_____

_____

_____

_____

Recipe

Prep Time:

Cook Time:

Difficulty: ○ ○ ○ ○ ○

Serves: 1   2   3   4   5   6   7   8   +

Pleasure: ○ ○ ○ ○ ○

Ingredients

Directions

Notes

Recipe

Prep Time:	Cook Time:	Difficulty: ○ ○ ○ ○ ○

Serves: 1   2   3   4   5   6   7   8   +   Pleasure: ○ ○ ○ ○ ○

Ingredients

_____   _____
_____   _____
_____   _____
_____   _____
_____   _____
_____   _____
_____   _____

Directions

_____
_____
_____
_____
_____
_____
_____
_____
_____
_____
_____
_____
_____

Notes

E

Recipe _____

Prep Time: | Cook Time: | Difficulty: ○ ○ ○ ○ ○

Serves: 1   2   3   4   5   6   7   8   + | Pleasure: ○ ○ ○ ○ ○

Ingredients

_____   _____
_____   _____
_____   _____
_____   _____
_____   _____
_____   _____

Directions

_____
_____
_____
_____
_____
_____
_____
_____
_____
_____
_____
_____

Notes

_____
_____
_____
_____

Recipe

| Prep Time: | Cook Time: | Difficulty: ○ ○ ○ ○ ○ |

Serves: 1   2   3   4   5   6   7   8   +   Pleasure: ○ ○ ○ ○ ○

Ingredients

_____   _____
_____   _____
_____   _____
_____   _____
_____   _____
_____   _____

Directions

_____
_____
_____
_____
_____
_____
_____
_____
_____
_____
_____

Notes

A
B
C
D
E
F
G
H
I
J
K
L
M
N
O
P
Q
R
S
T
U
V
W
X
Y
Z

Recipe _____

| Prep Time: | Cook Time: | Difficulty: ○ ○ ○ ○ ○ |
| Serves: 1 2 3 4 5 6 7 8 + | | Pleasure: ○ ○ ○ ○ ○ |

E

Ingredients

_____   _____
_____   _____
_____   _____
_____   _____
_____   _____
_____   _____
_____   _____

Directions

_____
_____
_____
_____
_____
_____
_____
_____
_____
_____
_____

Notes

Recipe

Prep Time:	Cook Time:	Difficulty: ○ ○ ○ ○ ○

Serves: 1 2 3 4 5 6 7 8 +	Pleasure: ○ ○ ○ ○ ○

Ingredients

_____   _____
_____   _____
_____   _____
_____   _____
_____   _____
_____   _____
_____   _____

Directions

_____
_____
_____
_____
_____
_____
_____
_____
_____
_____
_____
_____

Notes

_____
_____
_____
_____

E

Recipe

Prep Time:

Cook Time:

Difficulty: ○ ○ ○ ○ ○

Serves: 1   2   3   4   5   6   7   8   +

Pleasure: ○ ○ ○ ○ ○

Ingredients

Directions

Notes

Recipe

| Prep Time: | Cook Time: | Difficulty: ○ ○ ○ ○ ○ |

Serves: 1   2   3   4   5   6   7   8   +   Pleasure: ○ ○ ○ ○ ○

Ingredients

_____   _____
_____   _____
_____   _____
_____   _____
_____   _____
_____   _____
_____   _____

Directions

_____
_____
_____
_____
_____
_____
_____
_____
_____
_____
_____

Notes

....
....
....
....

F

Recipe

Prep Time:	Cook Time:	Difficulty: ○ ○ ○ ○ ○

Serves: 1 2 3 4 5 6 7 8 +	Pleasure: ○ ○ ○ ○ ○

Ingredients

_____   _____
_____   _____
_____   _____
_____   _____
_____   _____
_____   _____

Directions

_____
_____
_____
_____
_____
_____
_____
_____
_____
_____
_____

Notes

Recipe

Prep Time:

Cook Time:

Difficulty: ○ ○ ○ ○ ○

Serves: 1   2   3   4   5   6   7   8   +

Pleasure: ○ ○ ○ ○ ○

Ingredients

_____   _____
_____   _____
_____   _____
_____   _____
_____   _____
_____   _____
_____   _____

Directions

_____
_____
_____
_____
_____
_____
_____
_____
_____
_____
_____
_____

Notes

Recipe _____

Prep Time:	Cook Time:	Difficulty: ○ ○ ○ ○ ○

Serves: 1   2   3   4   5   6   7   8   +   Pleasure: ○ ○ ○ ○ ○

Ingredients

_____   _____

_____   _____

_____   _____

_____   _____

_____   _____

_____   _____

Directions

_____

_____

_____

_____

_____

_____

_____

_____

_____

_____

Notes

Recipe

Prep Time:

Cook Time:

Difficulty: ○ ○ ○ ○ ○

Serves: 1 2 3 4 5 6 7 8 +

Pleasure: ○ ○ ○ ○ ○

Ingredients

Directions

Notes

Recipe _____

Prep Time:	Cook Time:	Difficulty: ○ ○ ○ ○ ○

Serves: 1   2   3   4   5   6   7   8   +   Pleasure: ○ ○ ○ ○ ○

Ingredients

_____   _____

_____   _____

_____   _____

_____   _____

_____   _____

_____   _____

Directions

_____

_____

_____

_____

_____

_____

_____

_____

_____

_____

_____

Notes

_____

_____

_____

_____

G

Recipe

Prep Time:	Cook Time:	Difficulty: ○ ○ ○ ○ ○

Serves: 1   2   3   4   5   6   7   8   +   Pleasure: ○ ○ ○ ○ ○

Ingredients

_____   _____
_____   _____
_____   _____
_____   _____
_____   _____
_____   _____

G

Directions

_____
_____
_____
_____
_____
_____
_____
_____
_____
_____
_____
_____

Notes

....
....
....
....

Recipe

Prep Time:

Cook Time:

Difficulty: ○ ○ ○ ○ ○

Serves: 1   2   3   4   5   6   7   8   +

Pleasure: ○ ○ ○ ○ ○

Ingredients

_____   _____
_____   _____
_____   _____
_____   _____
_____   _____
_____   _____
_____   _____

Directions

_____
_____
_____
_____
_____
_____
_____
_____
_____
_____
_____
_____

Notes

....
....
....
....

Recipe

Prep Time:

Cook Time:

Difficulty: ○ ○ ○ ○ ○

Serves: 1   2   3   4   5   6   7   8   +

Pleasure: ○ ○ ○ ○ ○

Ingredients

_____   _____
_____   _____
_____   _____
_____   _____
_____   _____
_____   _____
_____   _____

Directions

_____
_____
_____
_____
_____
_____
_____
_____
_____
_____
_____
_____
_____

Notes

G

A B C D E F H I J K L M N O P Q R S T U V W X Y Z

Recipe

Prep Time:

Cook Time:

Difficulty: ○ ○ ○ ○ ○

Serves: 1 2 3 4 5 6 7 8 +

Pleasure: ○ ○ ○ ○ ○

Ingredients

_____   _____
_____   _____
_____   _____
_____   _____
_____   _____
_____   _____

Directions

_____
_____
_____
_____
_____
_____
_____
_____
_____
_____
_____

Notes

....
....
....
....

A B C D E F **G** H I J K L M N O P Q R S T U V W X Y Z

Recipe

| Prep Time: | Cook Time: | Difficulty: ○ ○ ○ ○ ○ |

| Serves: 1   2   3   4   5   6   7   8   + | Pleasure: ○ ○ ○ ○ ○ |

Ingredients

_____   _____

_____   _____

_____   _____

_____   _____

_____   _____

_____   _____

Directions

_____

_____

_____

_____

_____

_____

_____

_____

_____

_____

_____

_____

Notes

G

Recipe

Prep Time:

Cook Time:

Difficulty: ○ ○ ○ ○ ○

Serves: 1   2   3   4   5   6   7   8   +

Pleasure: ○ ○ ○ ○ ○

Ingredients

Directions

Notes

Recipe

Prep Time:	Cook Time:	Difficulty: ○ ○ ○ ○ ○

Serves: 1 2 3 4 5 6 7 8 +	Pleasure: ○ ○ ○ ○ ○

Ingredients

_____   _____
_____   _____
_____   _____
_____   _____
_____   _____
_____   _____

Directions

_____
_____
_____
_____
_____
_____
_____
_____
_____
_____
_____
_____

Notes

H

A B C D E F G I J K L M N O P Q R S T U V W X Y Z

Recipe

Prep Time:	Cook Time:	Difficulty: ○ ○ ○ ○ ○

Serves: 1 2 3 4 5 6 7 8 +	Pleasure: ○ ○ ○ ○ ○

Ingredients

_____   _____
_____   _____
_____   _____
_____   _____
_____   _____
_____   _____

Directions

_____
_____
_____
_____
_____
_____
_____
_____
_____
_____
_____
_____

Notes

H

Recipe

Prep Time:	Cook Time:	Difficulty: ○ ○ ○ ○ ○

Serves: 1 2 3 4 5 6 7 8 +   Pleasure: ○ ○ ○ ○ ○

Ingredients

_____   _____
_____   _____
_____   _____
_____   _____
_____   _____
_____   _____
_____   _____

Directions

_____
_____
_____
_____
_____
_____
_____
_____
_____
_____
_____
_____

Notes

H

Recipe

Prep Time:

Cook Time:

Difficulty: ○ ○ ○ ○ ○

Serves: 1   2   3   4   5   6   7   8   +

Pleasure: ○ ○ ○ ○ ○

Ingredients

_____   _____

_____   _____

_____   _____

_____   _____

_____   _____

_____   _____

Directions

_____

_____

_____

_____

_____

_____

_____

_____

_____

_____

_____

_____

Notes

H

Recipe

Prep Time:

Cook Time:

Difficulty: ○ ○ ○ ○ ○

Serves: 1   2   3   4   5   6   7   8   +

Pleasure: ○ ○ ○ ○ ○

Ingredients

_____   _____
_____   _____
_____   _____
_____   _____
_____   _____
_____   _____

Directions

_____
_____
_____
_____
_____
_____
_____
_____
_____
_____
_____
_____

Notes

....
....
....
....

H

A B C D E F G I J K L M N O P Q R S T U V W X Y Z

Recipe _____

Prep Time: | Cook Time: | Difficulty: ○ ○ ○ ○ ○

Serves: 1   2   3   4   5   6   7   8   + | Pleasure: ○ ○ ○ ○ ○

Ingredients

_____   _____
_____   _____
_____   _____
_____   _____
_____   _____
_____   _____
_____   _____

Directions

_____
_____
_____
_____
_____
_____
_____
_____
_____
_____
_____
_____
_____

Notes

Recipe

Prep Time: | Cook Time: | Difficulty: ○ ○ ○ ○ ○

Serves: 1   2   3   4   5   6   7   8   + | Pleasure: ○ ○ ○ ○ ○

Ingredients

_____   _____

_____   _____

_____   _____

_____   _____

_____   _____

_____   _____

Directions

_____

_____

_____

_____

_____

_____

_____

_____

_____

_____

_____

Notes

....

....

....

....

I

Recipe

Prep Time:	Cook Time:	Difficulty: ○ ○ ○ ○ ○

Serves:　1　　2　　3　　4　　5　　6　　7　　8　　+　　　Pleasure: ○ ○ ○ ○ ○

Ingredients

_____　　_____

_____　　_____

_____　　_____

_____　　_____

_____　　_____

_____　　_____

Directions

_____

_____

_____

_____

_____

_____

_____

_____

_____

_____

_____

_____

Notes

....

....

....

....

A B C D E F G H I J K L M N O P Q R S T U V W X Y Z

Recipe

Prep Time:	Cook Time:	Difficulty: ○ ○ ○ ○ ○

Serves: 1 2 3 4 5 6 7 8 +	Pleasure: ○ ○ ○ ○ ○

Ingredients

_____   _____
_____   _____
_____   _____
_____   _____
_____   _____
_____   _____
_____   _____

Directions

_____
_____
_____
_____
_____
_____
_____
_____
_____
_____
_____
_____

Notes

I

Recipe

| Prep Time: | Cook Time: | Difficulty: ○ ○ ○ ○ ○ |

| Serves: 1   2   3   4   5   6   7   8   + | Pleasure: ○ ○ ○ ○ ○ |

Ingredients

_____   _____
_____   _____
_____   _____
_____   _____
_____   _____
_____   _____

Directions

_____
_____
_____
_____
_____
_____
_____
_____
_____
_____
_____

Notes

....
....
....
....

Recipe

| Prep Time: | Cook Time: | Difficulty: ○ ○ ○ ○ ○ |

Serves: 1   2   3   4   5   6   7   8   +   Pleasure: ○ ○ ○ ○ ○

Ingredients

_____   _____
_____   _____
_____   _____
_____   _____
_____   _____
_____   _____
_____   _____

Directions

_____
_____
_____
_____
_____
_____
_____
_____
_____
_____
_____
_____
_____

Notes

....
....
....
....

Recipe

Prep Time: | Cook Time: | Difficulty: ○ ○ ○ ○ ○

Serves: 1   2   3   4   5   6   7   8   + | Pleasure: ○ ○ ○ ○ ○

Ingredients

_____   _____
_____   _____
_____   _____
_____   _____
_____   _____
_____   _____

Directions

_____
_____
_____
_____
_____
_____
_____
_____
_____
_____
_____

Notes

J

Recipe

| Prep Time: | Cook Time: | Difficulty: ○ ○ ○ ○ ○ |

Serves: 1   2   3   4   5   6   7   8   +   Pleasure: ○ ○ ○ ○ ○

Ingredients

_____   _____
_____   _____
_____   _____
_____   _____
_____   _____
_____   _____

Directions

_____
_____
_____
_____
_____
_____
_____
_____
_____
_____
_____

Notes

....
....
....
....

A B C D E F G H I **J** K L M N O P Q R S T U V W X Y Z

Recipe

Prep Time:

Cook Time:

Difficulty: ○ ○ ○ ○ ○

Serves:　1　　2　　3　　4　　5　　6　　7　　8　　+

Pleasure: ○ ○ ○ ○ ○

Ingredients

_____   _____

_____   _____

_____   _____

_____   _____

_____   _____

_____   _____

Directions

_____

_____

_____

_____

_____

_____

_____

_____

_____

_____

_____

_____

Notes

....

....

....

....

J

Recipe

| Prep Time: | Cook Time: | Difficulty: ○ ○ ○ ○ ○ |
| Serves: 1 2 3 4 5 6 7 8 + | | Pleasure: ○ ○ ○ ○ ○ |

Ingredients

_____   _____
_____   _____
_____   _____
_____   _____
_____   _____
_____   _____

Directions

_____
_____
_____
_____
_____
_____
_____
_____
_____
_____
_____

Notes

....
....
....
....

J

Recipe

| Prep Time: | Cook Time: | Difficulty: ○ ○ ○ ○ ○ |

Serves: 1 2 3 4 5 6 7 8 +   Pleasure: ○ ○ ○ ○ ○

Ingredients

_____   _____
_____   _____
_____   _____
_____   _____
_____   _____
_____   _____

Directions

_____
_____
_____
_____
_____
_____
_____
_____
_____
_____
_____

Notes

....
....
....
....

Recipe

| Prep Time: | Cook Time: | Difficulty: ○ ○ ○ ○ ○ |

| Serves: 1 2 3 4 5 6 7 8 + | Pleasure: ○ ○ ○ ○ ○ |

Ingredients

_____   _____
_____   _____
_____   _____
_____   _____
_____   _____
_____   _____

Directions

_____
_____
_____
_____
_____
_____
_____
_____
_____
_____
_____

Notes

_____
_____
_____
_____

Recipe _____

| Prep Time: | Cook Time: | Difficulty: ○ ○ ○ ○ ○ |

Serves: 1 2 3 4 5 6 7 8 +   Pleasure: ○ ○ ○ ○ ○

Ingredients

_____   _____
_____   _____
_____   _____
_____   _____
_____   _____
_____   _____

Directions

_____
_____
_____
_____
_____
_____
_____
_____
_____
_____
_____

Notes

K

Recipe

| Prep Time: | Cook Time: | Difficulty: ○ ○ ○ ○ ○ |

| Serves: 1   2   3   4   5   6   7   8   + | Pleasure: ○ ○ ○ ○ ○ |

Ingredients

_____   _____
_____   _____
_____   _____
_____   _____
_____   _____
_____   _____
_____   _____

Directions

_____
_____
_____
_____
_____
_____
_____
_____
_____
_____
_____
_____
_____
_____

K

Notes

Recipe

| Prep Time: | Cook Time: | Difficulty: ○ ○ ○ ○ ○ |

Serves: 1   2   3   4   5   6   7   8   +   Pleasure: ○ ○ ○ ○ ○

Ingredients

_____   _____

_____   _____

_____   _____

_____   _____

_____   _____

_____   _____

_____   _____

Directions

_____

_____

_____

_____

_____

_____

_____

_____

_____

_____

_____

_____

_____

Notes

K

Recipe

Prep Time:

Cook Time:

Difficulty: ○ ○ ○ ○ ○

Serves: 1 2 3 4 5 6 7 8 +

Pleasure: ○ ○ ○ ○ ○

Ingredients

_____   _____
_____   _____
_____   _____
_____   _____
_____   _____
_____   _____
_____   _____

Directions

_____
_____
_____
_____
_____
_____
_____
_____
_____
_____
_____
_____

Notes

_____
_____
_____
_____

K

Recipe

Prep Time:	Cook Time:	Difficulty: ○ ○ ○ ○ ○

Serves: 1 2 3 4 5 6 7 8 +	Pleasure: ○ ○ ○ ○ ○

Ingredients

_____   _____
_____   _____
_____   _____
_____   _____
_____   _____
_____   _____
_____   _____

Directions

_____
_____
_____
_____
_____
_____
_____
_____
_____
_____
_____
_____

Notes

....
....
....
....

K

Recipe

Prep Time:	Cook Time:	Difficulty: ○ ○ ○ ○ ○

Serves: 1 2 3 4 5 6 7 8 +	Pleasure: ○ ○ ○ ○ ○

Ingredients

_____   _____
_____   _____
_____   _____
_____   _____
_____   _____
_____   _____

Directions

_____
_____
_____
_____
_____
_____
_____
_____
_____
_____
_____

Notes

_____
_____
_____
_____

K

Recipe

| Prep Time: | Cook Time: | Difficulty: ○ ○ ○ ○ ○ |

| Serves: 1   2   3   4   5   6   7   8   + | Pleasure: ○ ○ ○ ○ ○ |

Ingredients

_____   _____
_____   _____
_____   _____
_____   _____
_____   _____
_____   _____

L

Directions

_____
_____
_____
_____
_____
_____
_____
_____
_____
_____
_____
_____

Notes

Recipe _____

| Prep Time: | Cook Time: | Difficulty: ○ ○ ○ ○ ○ |

Serves: 1   2   3   4   5   6   7   8   +   Pleasure: ○ ○ ○ ○ ○

Ingredients

_____   _____
_____   _____
_____   _____
_____   _____
_____   _____
_____   _____
_____   _____

Directions

_____
_____
_____
_____
_____
_____
_____
_____
_____
_____
_____
_____

┌─ Notes ──┐
│   │
│ .... │
│ .... │
│ .... │
│ .... │
│   │
└──┘

L

Recipe

Prep Time:	Cook Time:	Difficulty: ○ ○ ○ ○ ○

Serves: 1 2 3 4 5 6 7 8 +	Pleasure: ○ ○ ○ ○ ○

Ingredients

_____   _____

_____   _____

_____   _____

_____   _____

_____   _____

_____   _____

Directions

L

_____

_____

_____

_____

_____

_____

_____

_____

_____

_____

_____

Notes

....

....

....

....

Recipe

Prep Time:

Cook Time:

Difficulty: ○ ○ ○ ○ ○

Serves: 1 2 3 4 5 6 7 8 +

Pleasure: ○ ○ ○ ○ ○

Ingredients

_____   _____
_____   _____
_____   _____
_____   _____
_____   _____
_____   _____
_____   _____

Directions

_____
_____
_____
_____
_____
_____
_____
_____
_____
_____
_____
_____
_____

Notes

Recipe

Prep Time:

Cook Time:

Difficulty: ○ ○ ○ ○ ○

Serves: 1   2   3   4   5   6   7   8   +

Pleasure: ○ ○ ○ ○ ○

Ingredients

_____   _____

_____   _____

_____   _____

_____   _____

_____   _____

_____   _____

_____   _____

Directions

_____

_____

_____

_____

_____

_____

_____

_____

_____

_____

_____

_____

Notes

Recipe

Prep Time:

Cook Time:

Difficulty: ○ ○ ○ ○ ○

Serves: 1 2 3 4 5 6 7 8 +

Pleasure: ○ ○ ○ ○ ○

Ingredients

_____   _____
_____   _____
_____   _____
_____   _____
_____   _____
_____   _____

Directions

_____
_____
_____
_____
_____
_____
_____
_____
_____
_____
_____

Notes

L

Recipe

Prep Time:	Cook Time:	Difficulty: ○ ○ ○ ○ ○

Serves:　1　2　3　4　5　6　7　8　+	Pleasure: ○ ○ ○ ○ ○

Ingredients

_____   _____
_____   _____
_____   _____
_____   _____
_____   _____
_____   _____

Directions

_____
_____
_____
_____
_____
_____
_____
_____
_____
_____

Notes

_____
_____
_____
_____

Recipe _____

| Prep Time: | Cook Time: | Difficulty: ○ ○ ○ ○ ○ |

Serves: 1   2   3   4   5   6   7   8   +   Pleasure: ○ ○ ○ ○ ○

Ingredients

_____   _____
_____   _____
_____   _____
_____   _____
_____   _____
_____   _____

Directions

_____
_____
_____
_____
_____
_____
_____
_____
_____
_____
_____
_____

Notes

....
....
....
....

M

Recipe

Prep Time: _____

Cook Time: _____

Difficulty: ○ ○ ○ ○ ○

Serves: 1   2   3   4   5   6   7   8   +

Pleasure: ○ ○ ○ ○ ○

Ingredients

_____   _____
_____   _____
_____   _____
_____   _____
_____   _____
_____   _____

Directions

_____
_____
_____
_____
_____
_____
_____
_____
_____
_____
_____
_____

Notes

M

Recipe

Prep Time:

Cook Time:

Difficulty: ○ ○ ○ ○ ○

Serves: 1   2   3   4   5   6   7   8   +

Pleasure: ○ ○ ○ ○ ○

Ingredients

_____   _____
_____   _____
_____   _____
_____   _____
_____   _____
_____   _____
_____   _____

Directions

_____
_____
_____
_____
_____
_____
_____
_____
_____
_____
_____
_____

Notes

_____
_____
_____
_____

Recipe _____

| Prep Time: | Cook Time: | Difficulty: ○ ○ ○ ○ ○ |

| Serves: 1 2 3 4 5 6 7 8 + | Pleasure: ○ ○ ○ ○ ○ |

Ingredients

_____   _____
_____   _____
_____   _____
_____   _____
_____   _____
_____   _____
_____   _____

Directions

_____
_____
_____
_____
_____
_____
_____
_____
_____
_____
_____
_____
_____

Notes

....
....
....
....

M

Recipe

Prep Time:

Cook Time:

Difficulty: ○ ○ ○ ○ ○

Serves: 1 2 3 4 5 6 7 8 +

Pleasure: ○ ○ ○ ○ ○

Ingredients

Directions

Notes

Recipe _____

Prep Time:	Cook Time:	Difficulty: ○ ○ ○ ○ ○

Serves: 1   2   3   4   5   6   7   8   +   Pleasure: ○ ○ ○ ○ ○

Ingredients

_____   _____

_____   _____

_____   _____

_____   _____

_____   _____

_____   _____

Directions

_____

_____

_____

_____

_____

_____

_____

_____

_____

_____

_____

_____

N

Notes

....

....

....

....

Recipe

Prep Time:

Cook Time:

Difficulty: ○ ○ ○ ○ ○

Serves: 1   2   3   4   5   6   7   8   +

Pleasure: ○ ○ ○ ○ ○

Ingredients

_____   _____
_____   _____
_____   _____
_____   _____
_____   _____
_____   _____
_____   _____

Directions

_____
_____
_____
_____
_____
_____
_____
_____
_____
_____
_____
_____

Notes

....
....
....
....

Recipe

| Prep Time: | Cook Time: | Difficulty: ○ ○ ○ ○ ○ |

Serves: 1   2   3   4   5   6   7   8   +   Pleasure: ○ ○ ○ ○ ○

Ingredients

_____   _____

_____   _____

_____   _____

_____   _____

_____   _____

_____   _____

Directions

_____

_____

_____

_____

_____

_____

_____

_____

_____

_____

_____

Notes

A
B
C
D
E
F
G
H
I
J
K
L
M
N
O
P
Q
R
S
T
U
V
W
X
Y
Z

Recipe

Prep Time: | Cook Time: | Difficulty: ○ ○ ○ ○ ○

Serves: 1 2 3 4 5 6 7 8 + | Pleasure: ○ ○ ○ ○ ○

Ingredients

_____ _____

_____ _____

_____ _____

_____ _____

_____ _____

_____ _____

Directions

_____

_____

_____

_____

_____

_____

_____

_____

_____

_____

_____

_____

Notes

Recipe

Prep Time:

Cook Time:

Difficulty: ○ ○ ○ ○ ○

Serves: 1   2   3   4   5   6   7   8   +

Pleasure: ○ ○ ○ ○ ○

Ingredients

_____   _____
_____   _____
_____   _____
_____   _____
_____   _____
_____   _____

Directions

_____
_____
_____
_____
_____
_____
_____
_____
_____
_____
_____

Notes

....
....
....
....

Recipe

Prep Time:	Cook Time:	Difficulty: ○ ○ ○ ○ ○

Serves: 1 2 3 4 5 6 7 8 +	Pleasure: ○ ○ ○ ○ ○

Ingredients

_____   _____

_____   _____

_____   _____

_____   _____

_____   _____

_____   _____

Directions

_____

_____

_____

_____

_____

_____

_____

_____

_____

_____

_____

_____

_____

Notes

....

....

....

....

N

Recipe _____

| Prep Time: | Cook Time: | Difficulty: ○ ○ ○ ○ ○ |

Serves: 1   2   3   4   5   6   7   8   +   Pleasure: ○ ○ ○ ○ ○

Ingredients

_____   _____
_____   _____
_____   _____
_____   _____
_____   _____
_____   _____

Directions

_____
_____
_____
_____
_____
_____
_____
_____
_____
_____
_____

O

Notes

....
....
....
....

Recipe _____

| Prep Time: | Cook Time: | Difficulty: ○ ○ ○ ○ ○ |

| Serves: 1 2 3 4 5 6 7 8 + | Pleasure: ○ ○ ○ ○ ○ |

Ingredients

_____   _____
_____   _____
_____   _____
_____   _____
_____   _____
_____   _____
_____   _____

Directions

_____
_____
_____
_____
_____
_____
_____
_____
_____
_____
_____
_____
_____

Notes

....
....
....
....

O

Recipe _____

Prep Time: _____   Cook Time: _____   Difficulty: ○ ○ ○ ○ ○

Serves: 1   2   3   4   5   6   7   8   +   Pleasure: ○ ○ ○ ○ ○

Ingredients

_____   _____
_____   _____
_____   _____
_____   _____
_____   _____
_____   _____

Directions

_____
_____
_____
_____
_____
_____
_____
_____
_____
_____
_____
_____

Notes

....
....
....
....

A B C D E F G H I J K L M N **O** P Q R S T U V W X Y Z

Recipe

Prep Time:

Cook Time:

Difficulty: ○ ○ ○ ○ ○

Serves: 1   2   3   4   5   6   7   8   +

Pleasure: ○ ○ ○ ○ ○

Ingredients

_____   _____
_____   _____
_____   _____
_____   _____
_____   _____
_____   _____
_____   _____

Directions

_____
_____
_____
_____
_____
_____
_____
_____
_____
_____
_____
_____

Notes

....
....
....
....

Recipe

Prep Time:

Cook Time:

Difficulty: ○ ○ ○ ○ ○

Serves: 1 2 3 4 5 6 7 8 +

Pleasure: ○ ○ ○ ○ ○

Ingredients

Directions

O

Notes

Recipe

Prep Time:	Cook Time:	Difficulty: ○ ○ ○ ○ ○

Serves: 1 2 3 4 5 6 7 8 +	Pleasure: ○ ○ ○ ○ ○

Ingredients

_____   _____
_____   _____
_____   _____
_____   _____
_____   _____
_____   _____
_____   _____

Directions

_____
_____
_____
_____
_____
_____
_____
_____
_____
_____
_____
_____

Notes

O

Recipe

Prep Time:	Cook Time:	Difficulty: ○ ○ ○ ○ ○

Serves: 1   2   3   4   5   6   7   8   +   Pleasure: ○ ○ ○ ○ ○

Ingredients

_____   _____
_____   _____
_____   _____
_____   _____
_____   _____
_____   _____

Directions

_____
_____
_____
_____
_____
_____
_____
_____
_____
_____
_____
_____

Notes

P

Recipe

Prep Time:	Cook Time:	Difficulty: ○ ○ ○ ○ ○

Serves: 1 2 3 4 5 6 7 8 +	Pleasure: ○ ○ ○ ○ ○

Ingredients

_____   _____
_____   _____
_____   _____
_____   _____
_____   _____
_____   _____
_____   _____

Directions

_____
_____
_____
_____
_____
_____
_____
_____
_____
_____
_____

Notes

Recipe

Prep Time:

Cook Time:

Difficulty: ○ ○ ○ ○ ○

Serves: 1 2 3 4 5 6 7 8 +

Pleasure: ○ ○ ○ ○ ○

Ingredients

_____ _____
_____ _____
_____ _____
_____ _____
_____ _____
_____ _____
_____ _____

Directions

_____
_____
_____
_____
_____
_____
_____
_____
_____
_____
_____
_____
_____

Notes

Recipe _____

Prep Time: | Cook Time: | Difficulty: ○ ○ ○ ○ ○

Serves: 1 2 3 4 5 6 7 8 + | Pleasure: ○ ○ ○ ○ ○

Ingredients

_____ | _____
_____ | _____
_____ | _____
_____ | _____
_____ | _____
_____ | _____

Directions

_____
_____
_____
_____
_____
_____
_____
_____
_____
_____
_____
_____

Notes

P

Recipe

Prep Time:	Cook Time:	Difficulty: ○ ○ ○ ○ ○

Serves: 1 2 3 4 5 6 7 8 +	Pleasure: ○ ○ ○ ○ ○

Ingredients

_____   _____
_____   _____
_____   _____
_____   _____
_____   _____
_____   _____

Directions

_____
_____
_____
_____
_____
_____
_____
_____
_____
_____
_____
_____

P

Notes

....
....
....
....

Recipe

Prep Time:

Cook Time:

Difficulty: ○ ○ ○ ○ ○

Serves: 1   2   3   4   5   6   7   8   +

Pleasure: ○ ○ ○ ○ ○

Ingredients

_____   _____
_____   _____
_____   _____
_____   _____
_____   _____
_____   _____
_____   _____

Directions

_____
_____
_____
_____
_____
_____
_____
_____
_____
_____
_____
_____

Notes

Recipe

Prep Time: | Cook Time: | Difficulty: ○ ○ ○ ○ ○

Serves: 1 2 3 4 5 6 7 8 + | Pleasure: ○ ○ ○ ○ ○

Ingredients

Directions

Q

Notes

Recipe

Prep Time:

Cook Time:

Difficulty: ○ ○ ○ ○ ○

Serves: 1 2 3 4 5 6 7 8 +

Pleasure: ○ ○ ○ ○ ○

Ingredients

_____   _____
_____   _____
_____   _____
_____   _____
_____   _____
_____   _____
_____   _____

Directions

_____
_____
_____
_____
_____
_____
_____
_____
_____
_____
_____
_____

Q

Notes

....
....
....
....

Recipe _____

Prep Time:	Cook Time:	Difficulty: ○ ○ ○ ○ ○

Serves: 1 2 3 4 5 6 7 8 +	Pleasure: ○ ○ ○ ○ ○

Ingredients

_____   _____
_____   _____
_____   _____
_____   _____
_____   _____
_____   _____

Directions

_____
_____
_____
_____
_____
_____
_____
_____
_____
_____
_____
_____

Notes

_____
_____
_____
_____

Q

Recipe

| Prep Time: | Cook Time: | Difficulty: ○ ○ ○ ○ ○ |

| Serves: 1   2   3   4   5   6   7   8   + | Pleasure: ○ ○ ○ ○ ○ |

Ingredients

_____   _____
_____   _____
_____   _____
_____   _____
_____   _____
_____   _____

Directions

_____
_____
_____
_____
_____
_____
_____
_____
_____
_____
_____

Notes

....
....
....
....

Recipe

| Prep Time: | Cook Time: | Difficulty: ○ ○ ○ ○ ○ |

| Serves: 1 2 3 4 5 6 7 8 + | Pleasure: ○ ○ ○ ○ ○ |

Ingredients

_____   _____
_____   _____
_____   _____
_____   _____
_____   _____
_____   _____
_____   _____

Directions

_____
_____
_____
_____
_____
_____
_____
_____
_____
_____
_____
_____

Notes

_____
_____
_____
_____

Recipe

Prep Time:	Cook Time:	Difficulty: ○ ○ ○ ○ ○

Serves: 1 2 3 4 5 6 7 8 +	Pleasure: ○ ○ ○ ○ ○

Ingredients

_____   _____

_____   _____

_____   _____

_____   _____

_____   _____

_____   _____

Directions

_____

_____

_____

_____

_____

_____

_____

_____

_____

_____

_____

_____

_____

Q

Notes

....

....

....

....

Recipe _____

Prep Time:	Cook Time:	Difficulty: ○ ○ ○ ○ ○

Serves: 1   2   3   4   5   6   7   8   +   Pleasure: ○ ○ ○ ○ ○

Ingredients

_____   _____
_____   _____
_____   _____
_____   _____
_____   _____
_____   _____

Directions

_____
_____
_____
_____
_____
_____
_____
_____
_____
_____
_____
_____

Notes

_____
_____
_____
_____

Recipe

| Prep Time: | Cook Time: | Difficulty: ○ ○ ○ ○ ○ |

| Serves: 1 2 3 4 5 6 7 8 + | Pleasure: ○ ○ ○ ○ ○ |

Ingredients

_____   _____
_____   _____
_____   _____
_____   _____
_____   _____
_____   _____

Directions

_____
_____
_____
_____
_____
_____
_____
_____
_____
_____
_____
_____

Notes

Recipe _____

| Prep Time: | Cook Time: | Difficulty: ○ ○ ○ ○ ○ |

| Serves: 1 2 3 4 5 6 7 8 + | Pleasure: ○ ○ ○ ○ ○ |

Ingredients

_____   _____
_____   _____
_____   _____
_____   _____
_____   _____
_____   _____
_____   _____

Directions

_____
_____
_____
_____
_____
_____
_____
_____
_____
_____
_____
_____

Notes

_____
_____
_____
_____

R

Recipe _____

| Prep Time: | Cook Time: | Difficulty: ○ ○ ○ ○ ○ |

Serves: 1   2   3   4   5   6   7   8   +   Pleasure: ○ ○ ○ ○ ○

Ingredients

_____   _____
_____   _____
_____   _____
_____   _____
_____   _____
_____   _____

Directions

_____
_____
_____
_____
_____
_____
_____
_____
_____
_____
_____

Notes

....
....
....
....

Recipe _____

Prep Time: _____ Cook Time: _____ Difficulty: ○ ○ ○ ○ ○

Serves: 1 2 3 4 5 6 7 8 + Pleasure: ○ ○ ○ ○ ○

Ingredients

_____ _____

_____ _____

_____ _____

_____ _____

_____ _____

_____ _____

Directions

_____

_____

_____

_____

_____

_____

_____

_____

_____

_____

_____

Notes

....

....

....

....

R

Recipe

Prep Time:

Cook Time:

Difficulty: ○ ○ ○ ○ ○

Serves: 1 2 3 4 5 6 7 8 +

Pleasure: ○ ○ ○ ○ ○

Ingredients

_____   _____
_____   _____
_____   _____
_____   _____
_____   _____
_____   _____
_____   _____

Directions

_____
_____
_____
_____
_____
_____
_____
_____
_____
_____
_____
_____
_____

Notes

....
....
....
....

Recipe

Prep Time:

Cook Time:

Difficulty: ○ ○ ○ ○ ○

Serves: 1 2 3 4 5 6 7 8 +

Pleasure: ○ ○ ○ ○ ○

Ingredients

_____   _____
_____   _____
_____   _____
_____   _____
_____   _____
_____   _____
_____   _____

Directions

_____
_____
_____
_____
_____
_____
_____
_____
_____
_____
_____
_____

Notes

S

A B C D E F G H I J K L M N O P Q R S T U V W X Y Z

Recipe

Prep Time:

Cook Time:

Difficulty: ○ ○ ○ ○ ○

Serves: 1 2 3 4 5 6 7 8 +

Pleasure: ○ ○ ○ ○ ○

Ingredients

_____   _____
_____   _____
_____   _____
_____   _____
_____   _____
_____   _____
_____   _____

Directions

_____
_____
_____
_____
_____
_____
_____
_____
_____
_____
_____

S

Notes

Recipe

Prep Time:	Cook Time:	Difficulty: ○ ○ ○ ○ ○

Serves: 1   2   3   4   5   6   7   8   +   Pleasure: ○ ○ ○ ○ ○

Ingredients

_____   _____
_____   _____
_____   _____
_____   _____
_____   _____
_____   _____

Directions

_____
_____
_____
_____
_____
_____
_____
_____
_____
_____
_____

Notes

....
....
....
....

S

Recipe

| Prep Time: | Cook Time: | Difficulty: ○ ○ ○ ○ ○ |

| Serves: 1   2   3   4   5   6   7   8   + | Pleasure: ○ ○ ○ ○ ○ |

Ingredients

_____   _____
_____   _____
_____   _____
_____   _____
_____   _____
_____   _____
_____   _____

Directions

_____
_____
_____
_____
_____
_____
_____
_____
_____
_____
_____
_____

Notes

S

Recipe

Prep Time:	Cook Time:	Difficulty: ○ ○ ○ ○ ○

Serves: 1   2   3   4   5   6   7   8   +   Pleasure: ○ ○ ○ ○ ○

Ingredients

_____   _____
_____   _____
_____   _____
_____   _____
_____   _____
_____   _____
_____   _____

Directions

_____
_____
_____
_____
_____
_____
_____
_____
_____
_____
_____
_____
_____

Notes

S

Recipe _____

| Prep Time: | Cook Time: | Difficulty: ○ ○ ○ ○ ○ |

| Serves: 1 2 3 4 5 6 7 8 + | Pleasure: ○ ○ ○ ○ ○ |

Ingredients

_____   _____
_____   _____
_____   _____
_____   _____
_____   _____
_____   _____
_____   _____

Directions

_____
_____
_____
_____
_____
_____
_____
_____
_____
_____
_____
_____

Notes

S

Recipe

Prep Time:

Cook Time:

Difficulty: ○ ○ ○ ○ ○

Serves: 1   2   3   4   5   6   7   8   +

Pleasure: ○ ○ ○ ○ ○

Ingredients

_____   _____
_____   _____
_____   _____
_____   _____
_____   _____
_____   _____

Directions

_____
_____
_____
_____
_____
_____
_____
_____
_____
_____
_____

Notes

T

Recipe

Prep Time:

Cook Time:

Difficulty: ○ ○ ○ ○ ○

Serves:　1　2　3　4　5　6　7　8　+

Pleasure: ○ ○ ○ ○ ○

Ingredients

_____   _____
_____   _____
_____   _____
_____   _____
_____   _____
_____   _____
_____   _____

Directions

_____
_____
_____
_____
_____
_____
_____
_____
_____
_____
_____
_____

Notes

Recipe _____

| Prep Time: | Cook Time: | Difficulty: ○ ○ ○ ○ ○ |

Serves: 1   2   3   4   5   6   7   8   +   Pleasure: ○ ○ ○ ○ ○

Ingredients

_____   _____
_____   _____
_____   _____
_____   _____
_____   _____
_____   _____
_____   _____

Directions

_____
_____
_____
_____
_____
_____
_____
_____
_____
_____
_____

Notes

Recipe

Prep Time:

Cook Time:

Difficulty: ○ ○ ○ ○ ○

Serves: 1   2   3   4   5   6   7   8   +

Pleasure: ○ ○ ○ ○ ○

Ingredients

_____   _____
_____   _____
_____   _____
_____   _____
_____   _____
_____   _____
_____   _____

Directions

_____
_____
_____
_____
_____
_____
_____
_____
_____
_____
_____
_____

Notes

_____
_____
_____
_____

T

Recipe _____

Prep Time: _____   Cook Time: _____   Difficulty: ○ ○ ○ ○ ○

Serves: 1   2   3   4   5   6   7   8   +   Pleasure: ○ ○ ○ ○ ○

Ingredients

_____   _____

_____   _____

_____   _____

_____   _____

_____   _____

_____   _____

_____   _____

Directions

_____

_____

_____

_____

_____

_____

_____

_____

_____

_____

_____

_____

Notes

....

....

....

....

Recipe

Prep Time:

Cook Time:

Difficulty: ○ ○ ○ ○ ○

Serves: 1   2   3   4   5   6   7   8   +

Pleasure: ○ ○ ○ ○ ○

Ingredients

_____   _____
_____   _____
_____   _____
_____   _____
_____   _____
_____   _____
_____   _____

Directions

_____
_____
_____
_____
_____
_____
_____
_____
_____
_____
_____
_____

Notes

....
....
....
....

Recipe

Prep Time:

Cook Time:

Difficulty: ○ ○ ○ ○ ○

Serves: 1 2 3 4 5 6 7 8 +

Pleasure: ○ ○ ○ ○ ○

Ingredients

Directions

U

Notes

Recipe

Prep Time:

Cook Time:

Difficulty: ○ ○ ○ ○ ○

Serves: 1   2   3   4   5   6   7   8   +

Pleasure: ○ ○ ○ ○ ○

Ingredients

_____   _____
_____   _____
_____   _____
_____   _____
_____   _____
_____   _____

Directions

_____
_____
_____
_____
_____
_____
_____
_____
_____
_____
_____
_____

Notes

Recipe _____

| Prep Time: | Cook Time: | Difficulty: ○ ○ ○ ○ ○ |

| Serves: 1   2   3   4   5   6   7   8   + | Pleasure: ○ ○ ○ ○ ○ |

Ingredients

_____   _____
_____   _____
_____   _____
_____   _____
_____   _____
_____   _____
_____   _____

Directions

_____
_____
_____
_____
_____
_____
_____
_____
_____
_____
_____

Notes

Recipe

Prep Time:

Cook Time:

Difficulty: ○ ○ ○ ○ ○

Serves: 1   2   3   4   5   6   7   8   +

Pleasure: ○ ○ ○ ○ ○

Ingredients

_____   _____
_____   _____
_____   _____
_____   _____
_____   _____
_____   _____

Directions

_____
_____
_____
_____
_____
_____
_____
_____
_____
_____
_____
_____

Notes

_____
_____
_____
_____

Recipe _____

Prep Time:	Cook Time:	Difficulty: ○ ○ ○ ○ ○

Serves: 1   2   3   4   5   6   7   8   +   Pleasure: ○ ○ ○ ○ ○

Ingredients

_____   _____
_____   _____
_____   _____
_____   _____
_____   _____
_____   _____
_____   _____

Directions

_____
_____
_____
_____
_____
_____
_____
_____
_____
_____
_____
_____

U

Notes

_____
_____
_____
_____

Recipe

Prep Time:

Cook Time:

Difficulty: ○ ○ ○ ○ ○

Serves: 1   2   3   4   5   6   7   8   +

Pleasure: ○ ○ ○ ○ ○

Ingredients

_____   _____
_____   _____
_____   _____
_____   _____
_____   _____
_____   _____
_____   _____

Directions

_____
_____
_____
_____
_____
_____
_____
_____
_____
_____
_____

Notes

A B C D E F G H I J K L M N O P Q R S T U V W X Y Z

Recipe

Prep Time:

Cook Time:

Difficulty: ○ ○ ○ ○ ○

Serves: 1   2   3   4   5   6   7   8   +

Pleasure: ○ ○ ○ ○ ○

Ingredients

_____   _____
_____   _____
_____   _____
_____   _____
_____   _____
_____   _____
_____   _____

Directions

_____
_____
_____
_____
_____
_____
_____
_____
_____
_____
_____
_____
_____

Notes

....
....
....
....

Recipe

Prep Time:

Cook Time:

Difficulty: ○ ○ ○ ○ ○

Serves: 1 2 3 4 5 6 7 8 +

Pleasure: ○ ○ ○ ○ ○

Ingredients

_____   _____
_____   _____
_____   _____
_____   _____
_____   _____
_____   _____
_____   _____

Directions

_____
_____
_____
_____
_____
_____
_____
_____
_____
_____
_____
_____

Notes

....
....
....
....

V

Recipe

| Prep Time: | Cook Time: | Difficulty: ○ ○ ○ ○ ○ |

Serves: 1 2 3 4 5 6 7 8 +   Pleasure: ○ ○ ○ ○ ○

Ingredients

Directions

Notes

Recipe

Prep Time:

Cook Time:

Difficulty: ○ ○ ○ ○ ○

Serves:　1　　2　　3　　4　　5　　6　　7　　8　　+

Pleasure: ○ ○ ○ ○ ○

Ingredients

_____　　_____
_____　　_____
_____　　_____
_____　　_____
_____　　_____
_____　　_____
_____　　_____

Directions

_____
_____
_____
_____
_____
_____
_____
_____
_____
_____
_____
_____

Notes

V

Recipe

Prep Time:

Cook Time:

Difficulty: ○ ○ ○ ○ ○

Serves: 1   2   3   4   5   6   7   8   +

Pleasure: ○ ○ ○ ○ ○

Ingredients

_____   _____

_____   _____

_____   _____

_____   _____

_____   _____

_____   _____

Directions

_____

_____

_____

_____

_____

_____

_____

_____

_____

_____

_____

_____

V

Notes

....

....

....

....

Recipe

Prep Time:	Cook Time:	Difficulty: ○ ○ ○ ○ ○
Serves: 1 2 3 4 5 6 7 8 +		Pleasure: ○ ○ ○ ○ ○

Ingredients

_____   _____

_____   _____

_____   _____

_____   _____

_____   _____

_____   _____

Directions

_____

_____

_____

_____

_____

_____

_____

_____

_____

_____

_____

_____

_____

V

Notes

....

....

....

....

Recipe _____

Prep Time: | Cook Time: | Difficulty: ○ ○ ○ ○ ○

Serves: 1   2   3   4   5   6   7   8   + | Pleasure: ○ ○ ○ ○ ○

Ingredients

_____   _____
_____   _____
_____   _____
_____   _____
_____   _____
_____   _____

Directions

_____
_____
_____
_____
_____
_____
_____
_____
_____
_____
_____
_____

W

Notes

Recipe

| Prep Time: | Cook Time: | Difficulty: ○ ○ ○ ○ ○ |

| Serves: 1 2 3 4 5 6 7 8 + | Pleasure: ○ ○ ○ ○ ○ |

Ingredients

_____   _____
_____   _____
_____   _____
_____   _____
_____   _____
_____   _____

Directions

_____
_____
_____
_____
_____
_____
_____
_____
_____
_____
_____
_____

┌─ Notes ──┐
│   │
│   │
│   │
│   │
└──┘

W

Recipe _____

| Prep Time: | Cook Time: | Difficulty: ○ ○ ○ ○ ○ |

| Serves: 1   2   3   4   5   6   7   8   + | Pleasure: ○ ○ ○ ○ ○ |

Ingredients

_____   _____
_____   _____
_____   _____
_____   _____
_____   _____
_____   _____

Directions

_____
_____
_____
_____
_____
_____
_____
_____
_____
_____
_____

W

Notes
....
....
....
....

Recipe

Prep Time:

Cook Time:

Difficulty: ○ ○ ○ ○ ○

Serves: 1   2   3   4   5   6   7   8   +

Pleasure: ○ ○ ○ ○ ○

Ingredients

_____   _____
_____   _____
_____   _____
_____   _____
_____   _____
_____   _____
_____   _____

Directions

_____
_____
_____
_____
_____
_____
_____
_____
_____
_____
_____
_____
_____

Notes

_____
_____
_____
_____

A B C D E F G H I J K L M N O P Q R S T U V **W** X Y Z

Recipe _____

| Prep Time: | Cook Time: | Difficulty: ○ ○ ○ ○ ○ |

| Serves: 1   2   3   4   5   6   7   8   + | Pleasure: ○ ○ ○ ○ ○ |

Ingredients

_____   _____
_____   _____
_____   _____
_____   _____
_____   _____
_____   _____
_____   _____

Directions

_____
_____
_____
_____
_____
_____
_____
_____
_____
_____
_____
_____
_____

W

Notes
....
....
....
....

Recipe

Prep Time:	Cook Time:	Difficulty: ○ ○ ○ ○ ○

Serves: 1 2 3 4 5 6 7 8 +	Pleasure: ○ ○ ○ ○ ○

Ingredients

_____   _____
_____   _____
_____   _____
_____   _____
_____   _____
_____   _____

Directions

_____
_____
_____
_____
_____
_____
_____
_____
_____
_____
_____

Notes

....
....
....
....

W

Recipe

| Prep Time: | Cook Time: | Difficulty: ○ ○ ○ ○ ○ |

Serves: 1   2   3   4   5   6   7   8   +   Pleasure: ○ ○ ○ ○ ○

Ingredients

_____   _____
_____   _____
_____   _____
_____   _____
_____   _____
_____   _____

Directions

_____
_____
_____
_____
_____
_____
_____
_____
_____
_____
_____

Notes

X

Recipe

Prep Time:	Cook Time:	Difficulty: ○ ○ ○ ○ ○

Serves: 1   2   3   4   5   6   7   8   +   Pleasure: ○ ○ ○ ○ ○

Ingredients

_____   _____
_____   _____
_____   _____
_____   _____
_____   _____
_____   _____
_____   _____

Directions

_____
_____
_____
_____
_____
_____
_____
_____
_____
_____
_____
_____

Notes

....
....
....
....

X

Recipe _____

Prep Time:	Cook Time:	Difficulty: ○ ○ ○ ○ ○
Serves: 1 2 3 4 5 6 7 8 +		Pleasure: ○ ○ ○ ○ ○

Ingredients

_____   _____
_____   _____
_____   _____
_____   _____
_____   _____
_____   _____
_____   _____

Directions

_____
_____
_____
_____
_____
_____
_____
_____
_____
_____
_____
_____

X

Notes
....
....
....
....

A B C D E F G H I J K L M N O P Q R S T U V W X Y Z

Recipe

Prep Time:	Cook Time:	Difficulty: ○ ○ ○ ○ ○

Serves: 1   2   3   4   5   6   7   8   +   Pleasure: ○ ○ ○ ○ ○

Ingredients

_____   _____
_____   _____
_____   _____
_____   _____
_____   _____
_____   _____

Directions

_____
_____
_____
_____
_____
_____
_____
_____
_____
_____
_____

Notes

....
....
....
....

X

Recipe

Prep Time:	Cook Time:	Difficulty: ○ ○ ○ ○ ○

Serves: 1 2 3 4 5 6 7 8 +	Pleasure: ○ ○ ○ ○ ○

Ingredients

_____   _____
_____   _____
_____   _____
_____   _____
_____   _____
_____   _____

Directions

_____
_____
_____
_____
_____
_____
_____
_____
_____
_____
_____

Notes

....
....
....
....

X

Recipe

| Prep Time: | Cook Time: | Difficulty: ○ ○ ○ ○ ○ |

Serves: 1   2   3   4   5   6   7   8   +   Pleasure: ○ ○ ○ ○ ○

Ingredients

_____   _____
_____   _____
_____   _____
_____   _____
_____   _____
_____   _____

Directions

_____
_____
_____
_____
_____
_____
_____
_____
_____
_____
_____
_____

Notes
....
....
....
....

X

A B C D E F G H I J K L M N O P Q R S T U V W X Y Z

Recipe

Prep Time:

Cook Time:

Difficulty: ○ ○ ○ ○ ○

Serves: 1 2 3 4 5 6 7 8 +

Pleasure: ○ ○ ○ ○ ○

Ingredients

_____   _____
_____   _____
_____   _____
_____   _____
_____   _____
_____   _____

Directions

_____
_____
_____
_____
_____
_____
_____
_____
_____
_____
_____

Notes

....
....
....
....

Recipe _____

Prep Time:	Cook Time:	Difficulty: ○ ○ ○ ○ ○

Serves: 1 2 3 4 5 6 7 8 +	Pleasure: ○ ○ ○ ○ ○

Ingredients

_____   _____
_____   _____
_____   _____
_____   _____
_____   _____
_____   _____

Directions

_____
_____
_____
_____
_____
_____
_____
_____
_____
_____
_____
_____

Notes

....
....
....
....

Y

Recipe

Prep Time:	Cook Time:	Difficulty: ○ ○ ○ ○ ○

Serves: 1 2 3 4 5 6 7 8 +	Pleasure: ○ ○ ○ ○ ○

Ingredients

_____   _____

_____   _____

_____   _____

_____   _____

_____   _____

_____   _____

Directions

_____

_____

_____

_____

_____

_____

_____

_____

_____

_____

_____

Notes

....

....

....

....

Y

Recipe

Prep Time:

Cook Time:

Difficulty: ○ ○ ○ ○ ○

Serves: 1   2   3   4   5   6   7   8   +

Pleasure: ○ ○ ○ ○ ○

Ingredients

_____   _____
_____   _____
_____   _____
_____   _____
_____   _____
_____   _____
_____   _____

Directions

_____
_____
_____
_____
_____
_____
_____
_____
_____
_____
_____
_____

Notes

....
....
....
....

Recipe _____

Prep Time: _____ Cook Time: _____ Difficulty: ○ ○ ○ ○ ○

Serves: 1   2   3   4   5   6   7   8   +   Pleasure: ○ ○ ○ ○ ○

Ingredients

_____   _____
_____   _____
_____   _____
_____   _____
_____   _____
_____   _____
_____   _____

Directions

_____
_____
_____
_____
_____
_____
_____
_____
_____
_____
_____
_____

Notes

_____
_____
_____
_____

Y

Recipe

| Prep Time: | Cook Time: | Difficulty: ○ ○ ○ ○ ○ |

| Serves: 1 2 3 4 5 6 7 8 + | Pleasure: ○ ○ ○ ○ ○ |

Ingredients

_____   _____
_____   _____
_____   _____
_____   _____
_____   _____
_____   _____
_____   _____

Directions

_____
_____
_____
_____
_____
_____
_____
_____
_____
_____
_____
_____

Notes

Y

Recipe

Prep Time:	Cook Time:	Difficulty: ○ ○ ○ ○ ○

Serves: 1 2 3 4 5 6 7 8 +	Pleasure: ○ ○ ○ ○ ○

Ingredients

_____   _____

_____   _____

_____   _____

_____   _____

_____   _____

_____   _____

Directions

_____

_____

_____

_____

_____

_____

_____

_____

_____

_____

_____

_____

Notes

....

....

....

....

Z

Recipe _____

| Prep Time: | Cook Time: | Difficulty: ○ ○ ○ ○ ○ |

Serves: 1   2   3   4   5   6   7   8   +   Pleasure: ○ ○ ○ ○ ○

Ingredients

_____   _____
_____   _____
_____   _____
_____   _____
_____   _____
_____   _____

Directions

_____
_____
_____
_____
_____
_____
_____
_____
_____
_____
_____
_____

Notes

....
....
....
....

Z

Recipe

Prep Time:

Cook Time:

Difficulty: ○ ○ ○ ○ ○

Serves: 1 2 3 4 5 6 7 8 +

Pleasure: ○ ○ ○ ○ ○

Ingredients

Directions

Notes

Z

Recipe

Prep Time:

Cook Time:

Difficulty: ○ ○ ○ ○ ○

Serves: 1   2   3   4   5   6   7   8   +

Pleasure: ○ ○ ○ ○ ○

Ingredients

_____   _____
_____   _____
_____   _____
_____   _____
_____   _____
_____   _____

Directions

_____
_____
_____
_____
_____
_____
_____
_____
_____
_____
_____
_____

Notes

....
....
....
....

Z

Recipe _____

Prep Time: | Cook Time: | Difficulty: ○ ○ ○ ○ ○

Serves: 1   2   3   4   5   6   7   8   + | Pleasure: ○ ○ ○ ○ ○

Ingredients

_____   _____
_____   _____
_____   _____
_____   _____
_____   _____
_____   _____
_____   _____

Directions

_____
_____
_____
_____
_____
_____
_____
_____
_____
_____
_____
_____

Notes

....
....
....
....

Z

Recipe

| Prep Time: | | Cook Time: | | Difficulty: ○ ○ ○ ○ ○ |

| Serves: 1   2   3   4   5   6   7   8   + | Pleasure: ○ ○ ○ ○ ○ |

Ingredients

_____   _____
_____   _____
_____   _____
_____   _____
_____   _____
_____   _____

Directions

_____
_____
_____
_____
_____
_____
_____
_____
_____
_____
_____
_____

Notes

....
....
....
....

Z

Made in the USA
Middletown, DE
14 April 2020